Invista em Si

desafio para melhorar a sua auto-estima

por Sofia Morgado

Antes de mais...

Este vai ser um processo composto por 4 etapas, idealmente uma por semana. Para que este desafio surta algum efeito, as ideias precisam de ser colocadas em prática, ou não passarão de sonhos. Daí que a proposta é que as vá praticando ao longo da semana. Embora, sendo todos diferentes, pode ir seguindo num ritmo que lhe pareça mais adequado a si.

A primeira é a etapa da **observação** porque antes de qualquer viagem é útil abrir o mapa e observar os caminhos que nos podem levar até ao destino pretendido.

Depois é o momento privilegiado para a **aceitação** dos recursos disponíveis e circunstâncias em que se encontra.

Vem então a etapa da **libertação** daquilo que já não serve senão para fazer peso na mochila ao longo do caminho. E, por último, chega o início da **transformação**.

Apesar de ter ao longo do livro alguns espaços que convidam a uma resposta escrita, sugiro-lhe que use um caderno de notas para acompanhar os exercícios que lhe vou propondo ao longo do caminho. Pode usá-lo também para ir escrevendo as suas reflexões sobre as diferentes etapas do processo. Embora pareça algo muito simples e dispensável, este passo por si só é essencial a uma mudança mais eficaz.

Ao longo deste livro encontrará também pequenas caixas com indicação de algum material extra. Nelas encontrará um link que poderá copiar para a barra de endereços do seu navegador da internet e um QR code que poderá ler com o seu telemóvel para ir até à página onde encontrará o recurso sugerido, seja ele um áudio, video ou texto. Encontrará esta orientação apenas aqui e na primeira caixa que encontrar, mas todas funcionarão da mesma forma.

Entretanto, começo por lembrar que a autoestima é chamada de AUTO-estima porque é da responsabilidade do próprio. Assim sendo, que o seu bem-estar e a sua valorização pessoal dependam de si e nada ou ninguém mais. Caso contrário, ficará sempre dependente de algo ou alguém e quando este deixar de lá estar para si, o mundo ameaçará ruir.

Cuide de si!

Índice

Abrindo o mapa

Sente que está na altura de cuidar de si para viver a vida de uma forma mais plena, mas não sabe como se valorizar mais?

Vamos observar o mapa.

1. Se pudesse fazer agora a mudança que pretende na forma como se valoriza, onde estaria daqui a 6 meses?

____
____
____

2. O que faria por si o facto de ter melhor AUTO-estima?

____
____
____

3. O que lhe tem custado não se valorizar o suficiente?

____
____
____

4. Quais os benefícios que obterá na sua vida ao fazê-lo?

____
____
____

5. O que mais irá mudar na sua vida ao assumir a responsabilidade pelo seu bem-estar?

____
____
____

Sabe onde quer chegar. Ótimo.

Agora é o momento de ver onde se encontra.

Observação

Bem-vindo à 1ª etapa do desafio!

Por altura deste desafio estávamos prestes a iniciar uma pequena reforma aqui em casa e pensei que seria apropriado partilhar o processo. Já vai perceber porquê.

Como a nossa família pretendia uma vivência mais agradável e satisfatória da sala, sentimos necessidade de fazer algumas reparações e mudanças neste espaço comum.

E para fazermos uma mudança, qualquer que esta seja, primeiro precisamos de saber o que é que precisamos de mudar e que tipo de mudança pretendemos. Mudar de que forma, para quê e por quê.

Isto porque, mais eficaz do que estabelecer objetivos com base nas tarefas que quer concretizar - algo que fica pelo meio, é definir objetivos com base nos ideais, o fim.

Qual era então o nosso objetivo para este espaço, qual a vivência que pretendemos aqui?

E para saber como chegarmos onde gostaríamos de chegar, precisamos de olhar o mapa para traçar o melhor caminho até lá.

Ora, nós sabíamos o resultado que pretendíamos e para perceber como poderíamos lá chegar foi precisa uma primeira etapa em que observámos:

- quais as fragilidades - o que necessitava reparação,

- aquilo que mais gostávamos para o mantermos e eventualmente destacarmos,

- assim como aquilo que não gostávamos tanto para procurarmos uma solução mais adequada e agradável.

Tudo isto de acordo com as necessidades para este espaço e o nosso ideal para ele.

Então é necessário observar.

Mas neste caso falamos de uma mudança na autoestima, então observar o quê exatamente?

Lembro-me de um conto de Jorge Bucay que fala de um homem que se viu numa circunstância única que lhe permitiu compreender como ele distanciara de si mesmo ao longo do tempo, deixando que os outros o definissem, esperando que os outros o valorizassem. Todos queremos nos sentir aceites, integrados. O personagem desta história também o queria. Contudo, no momento em que o mundo em que vivia parecia ter desaparecido, ele percebeu enfim que podia escolher como se definir e como preferia viver, para poder valorizar-se.

Pode começar aqui. Por observar se isto acontece na sua vida.

Quais as situações em que espera que os outros o valorizem ou mostrem a sua estima por si?

Há quem cobre, ou se queixe a terceiros, quando amigos ou familiares não telefonam ou visitam...

Há quem diga que não querem saber de si a não ser que precisem de algo...

Há quem veja na ausência de certos comportamentos uma prova da falta de afeto...

Que por sua vez é entendida como uma medida do seu valor enquanto pessoa ou dos seus esforços.

Pode tomar tantas formas.

Quais são aquelas coisas, circunstâncias ou pessoas às quais dá poder sobre a sua valorização pessoal... no fundo, sobre a sua felicidade?

Almejarmos algo melhor ou que os outros nos tratem de forma mais carinhosa é bom! E podemos deixar claro que o pretendemos.

Mas não é bom se deixar que a sua felicidade dependa disso. Porque e se aquilo nunca chegar? A valorização, o gesto do outro ou o telefonema.

Enquanto sente que precisa de algo, sente o desconforto da falta, pode até sentir a infelicidade. E com o foco na falta, não vai desfrutar daquilo que realmente tem, e dificilmente irá perceber as oportunidades que lhe passam ao lado. Acaba mesmo por nada mudar na sua vida!

E se você nada mudar, claro, tudo continua na mesma. Porque não adianta esperar que os outros vejam aquilo que ainda não viram, que mudem o seu comportamento ou, sequer, que estejam lá para si.

É algo que sai fora do seu controlo.

Quais são então aquelas coisas, circunstâncias ou pessoas a que tem entregue este poder de o fazer feliz ou infeliz?

Tome nota destas informações, podem a vir a ser-lhe úteis. Até porque pode haver uma forte probabilidade de o perder de vista facilmente, se nada mudar na sua vida.

Repare também naquilo que sente que o ajuda a valorizar-se a si mesmo.

Pode ser vestir-se bem como se tivesse um encontro marcado com alguém que quer impressionar. Ou pode ser fazer exercício e sentir-se mais em forma, tonificado e saudável. Ou a trabalhar para isso.

Tome nota também dessa informação.

Como próximo passo nesta etapa, proponho que observe os seus traços específicos, aquilo que faz de si a pessoa que é.

Para isso, pode seguir um exercício simples que partilhei por ocasião da mesma história que referi antes.

Pegue no seu bloco de notas e comece por escrever todas as características que identifica em si. Escreva frases começadas por Eu sou. Escreva Tudo o que lembrar no momento. Se preferir, pode usar a folha Quem Sou Eu nas próximas páginas.

Depois faça uma pausa, volte mais tarde e acrescente o que mais possa surgir. Passando então a um outro passo muito importante.

Lembra-se de ter falado na importância de identificar aquilo que consideramos como vulnerabilidades e como forças no projeto da reforma da sala?

Identifique nestas características listadas, aquilo que considera como útil ou como obstrutivo na sua vida. Sendo que algumas características podem até ser ambos. Faça essa avaliação das características, uma a uma.

Esta pode ser a etapa mais difícil. Mais difícil até do que a própria mudança. Porque precisa de olhar o que está lá e ver, como nós, quaisquer fendas na parede, buracos, sujidade, falta de tinta ou infiltrações de humidade. Pode ver algo que considera feio ou simplesmente menos.

No entanto, como a nós com a nossa sala, já lhe deve ter acontecido entrar (ou viver) num espaço que se mostrou pouco convidativo no momento, mas no qual viu um grande potencial. Talvez tenha até conseguido imaginar desde logo aquilo que poderia fazer ali, as melhorias e reparações, destacando as qualidades e aquilo que gosta. Talvez conseguindo imaginar um resultado muito agradável e uma vivência muito melhor ali, mais feliz!

É aquilo que aqui em casa pretendemos para o nosso espaço. Estou certa de que é aquilo que pretende para o seu. Quer o espaço em que vive, quer o espaço no seu interior.

Prometo-lhe que as etapas seguintes serão mais fáceis e agradáveis.

Resumindo

Repare, ao longo da semana, no seguinte:

- Quais as situações em que espera que os outros o valorizem?
- Quais as coisas, pessoas ou circunstâncias da vida a que entrega a sua felicidade?
- Quais as características que identifica em si enquanto pessoa, e
- Quais considera úteis ou obstrutivas?

Nas próximas páginas encontrará os exercícios propostos para esta etapa. Faça esta observação ao longo de uma semana e reserve as suas respostas.

Na próxima etapa iremos usá-las.

1. Valorização pessoal

Muitas vezes esperamos que os outros nos definam e valorizem. Queremos sentir-nos queridos, aceites e integrados.

1. Quais são aquelas situações em que espera que os outros lhe reconheçam valor ou mostrem a sua estima por si?

____
____
____
____
____

2. Quais são aquelas coisas, circunstâncias ou pessoas a quem tem entregue o poder de o fazer feliz ou infeliz?

____
____
____
____
____

3. Que tipo de circunstâncias estão ao seu alcance e que o ajudam a valorizar-se a si mesmo?

____
____
____
____
____

2. Quem sou eu?

- Escreva frases que descrevam quem você é, assim como coisas em que acredita a seu respeito

- Após cada crença listada, repare se a experimenta como sendo útil (u) ou obstrutiva (o) na sua vida, anotando a letra correspondente no final de cada uma.

1. Eu sou ____

2. Eu sou ____

3. Eu sou ____

4. Eu ____

5. Eu ____

6. Eu ____

8. Eu ____

9. Eu ____

10. Eu ____

11. Eu ____

12. Eu ____

13. Eu ____

14. Eu ____

15. Eu ____

16. Eu ____

17. Eu ____

18. Eu ____

19. Eu ____

20. Eu ____

3. Avaliações e crenças

Como está a ser a prática que lhe propus?

Lembre-se que ninguém mais o pode fazer por si, é sua a responsabilidade de cuidar de si. E, para já, passa por esta etapa mais chata.

Primeiro precisamos de recolher informação, para que os nossos esforços sejam o mais eficazes possível. E recomendo que escreva com papel e caneta, sem subestimar o poder da escrita.

Por vezes este exercício permite-nos perceber a real extensão do impacto da nossa conversa interior.

A maioria das pessoas sente baixa autoestima pelo menos numa área da sua vida. Podem dizer "Não consigo decorar a letra de uma única música" ou "sou terrível com contas". Embora desnecessário, é algo natural.

Mas já alguma vez se sentiu insatisfeito consigo no geral? Em algum momento pensa que é fraco, inútil, sem valor, inferior aos outros, feio, cheio de defeitos ou que não é bom o suficiente?

<u>Sugestão:</u>
Coloque o endereço indicado abaixo na barra de endereços do seu navegador da internet ou siga o QR code para ver um video sobre a recolha de informação como um dos preparativos para a mudança.

https://goo.gl/JjuQT5

Muitas pessoas se sentem assim em alguns momentos. Geralmente acontece quando enfrentam uma situação difícil, desafiante, e se encontram sob pressão.

Mas se pensa frequentemente nestes termos sobre si mesmo, então talvez possa ter um problema mais invasivo.

Neste caso, os pensamentos não ajudam e as expectativas acabam por se tornar previsões de que as coisas vão resultar mal, tendendo a prever o pior e a saltar para conclusões negativas precipitadas, dizendo coisas como "os meus amigos vão-me rejeitar quando perceberem o pouco valor que tenho" ou "quando perceberem como não tenho capacidade para me divertir com eles", "não irei ser promovido porque não sei argumentar", "ele não vai voltar a convidar-me para sair porque não sou suficientemente atraente".

As avaliações negativas que faz de si mesmo são pensamentos caracterizados pela autocrítica ou a auto culpa. É duro consigo próprio, criticando-se por enganos ou sentimentos/pensamentos/comportamentos inadequados, chamando nomes a si mesmo.

"Devia ter feito melhor", "se não consigo fazer isto, não devo valer mesmo nada", "pareço um saco de batatas com esta roupa".

Crenças negativas que são tomadas por factos e verdades sobre a sua identidade, mas que podem nem ser verdadeiras.

Crenças que podem ter um impacto bastante negativo na sua vida, afetando o desempenho no trabalho, escola ou nas relações sociais.

Pode alcançar menos do que é capaz porque acredita não ser tão capaz quanto os outros. E pode evitar desafios por medo de não se sair bem.

Pode trabalhar mais arduamente e se pressionar a fazer mais porque acredita que é necessário fazê-lo para compensar ou mascarar uma suposta incapacidade. E pode ser difícil acreditar em quaisquer resultados bons que tenha obtido, atribuindo-os à sorte e não às suas qualidades positivas ou capacidades.

Pode até ser mais sensível às críticas dos outros e retirar-se dos relacionamentos ou da vida social. E uma vez que provavelmente será mais difícil defender os seus direitos e opiniões, será mais fácil ser abusado por outros.

Isto é muitas vezes resultado de uma aprendizagem feita em experiências prévias na vida: de negligência, castigo ou abuso, sentimentos de dificuldade em alcançar os padrões e expetativas dos progenitores, de não se sentir integrado ou aceite na escola ou na família, pela ausência de experiências positivas...

Crenças deste calibre levam à construção de regras e interpretações específicas da realidade. Mesmo que sejam resultado de situações que aconteceram bem lá atrás no tempo e que hoje seja adulto.

Mesmo que tenha tido experiências de outra natureza, os reforços podem não ter sido os suficientes para equilibrar ou amenizar aqueles sentimentos. E as crenças continuam lá.

Regras como "não posso errar na frente dos outros" ou "devo calar-me e seguir a sugestão do outro ou não vou ser aceite"... continuam lá.

Pergunte então a si mesmo:

- o   O que espero de mim nestas situações?
- o   Quais são os padrões que espero alcançar? O que irei aceitar e o que não irei aceitar?
- o   O que espero de mim mesmo ao me relacionar com outras pessoas?

O que espero de mim no que diz respeito ao meu peso, às minhas capacidades ou na vida profissional?

Repare nos pensamentos que encontrar na forma de:

- o   Devo...
- o   Não devo...
- o   Tenho de...
- o   Sempre que...
- o   Nunca posso...
- o   Se... então ...

Tome notas no seu caderno.

Estas experiências negativas levaram-no de alguma forma a pensar que existia algo de errado consigo? Quais as crenças base que tem sobre si mesmo? Anote.

As avaliações negativas que faz de si mesmo irão dar-lhe pistas no que diz respeito às crenças negativas de base.

Pense no tipo de críticas que faz sobre si nos seus pensamentos. Quais os temas comuns, palavras ou nomes que usa para se descrever? Que tipo de coisas ativam a sua autocrítica? Anote o que vier à sua mente.

4. Qualidades

Agora vamos observar as suas qualidades positivas para se lembrar a si mesmo dos seus pontos fortes.

Faça uma lista de aspetos positivos de si mesmo, incluindo todas as características boas, forças, talentos e realizações e registe-os.

Não o faça à pressa, leve o seu tempo para concluir a tarefa. Escreva. Sem limite. Se não encontrar mais o que escrever, faça uma pausa e volte à carga mais tarde.

Pode até pedir ajuda, se lhe for confortável, e perguntar a um amigo ou familiar, alguém que sabe que o apoia.

Repare em pensamentos de autocrítica que possam surgir e desvalorizar os pontos positivos, tomando-os por coisas pequenas ou nada de mais, que não valem a pena referir. Escreva-os ainda assim. Se lembra os pontos negativos com todo o detalhe, precisa de fazer o mesmo quanto aos positivos. Não os descrimine.

- O que gosto em mim, na pessoa que sou?
- Que características tenho que são positivas?
- Quais são algumas das minhas realizações?
- Quais alguns dos desafios que consegui superar?
- Quais algumas das capacidades ou talentos que tenho?
- O que outros dizem sobre mim?

o   Quais são os atributos que gosto nos outros e que tenho em comum com eles?

o   Se alguém partilhasse características idênticas às minhas, o que admiraria em si?

o   Como pode descrever-me alguém que gosta de mim?

o   Que más qualidades penso que não tenho?

Lembre-se: não importa o quão pequenos, modestos ou insignificantes pensa que sejam. Escreva-os.

Mas porque o convido a olhar pensamentos e crenças, é importante também lembrar que um pensamento é apenas um pensamento. Só tem o valor ou o peso que lhe der.

A função do coração é bater, a função do estomago é digerir e a da mente é pensar. Está tudo bem! É bom que ela funcione. E o tipo de pensamentos que ela gera é o mais diverso de acordo com toda a matéria-prima que vai recebendo ao longo do tempo. Podemos então dizer que todos eles são naturais.

Aquilo que precisa de lembrar é que é escolha sua em quais os pensamentos investir a sua atenção e o seu tempo porque quanto mais neles investe, mais eles ocupam espaço na sua mente.

Mantenha-o presente enquanto continua a sua observação.

Estou consigo neste projeto.

Aceitação

E a reforma continua.

Obras. Queremos sempre que sejam breves porque sempre causam incômodos. Queremos ver o resultado o quanto antes, mas as coisas nem sempre são como gostaríamos.

Acredito que, se seguiu as sugestões que lhe deixei na etapa da observação, é capaz de ter lançado um olhar sobre partes de si de que gosta menos. Talvez tenha lembrado momentos menos bons na sua vida ou aprendizagens que não precisava de ter feito. E acredito que tenha sido desconfortável fazê-lo.

Pois agora que olhou de frente aquilo que faz parte de quem é hoje, é preciso aceitar o que lá está.

Aceitar que está lá por um motivo e que em algum momento já lhe pode ter sido útil, mesmo que hoje não goste *daquilo*.

Aceitar é deixar de lutar com aquilo.

Não precisa de gostar, basta aceitar que lá está e com algum bom motivo para isso.

Pode até agradecer por tudo o que aquilo já fez por si e abrir mão, antes de mais, de se importar que aquilo tenha feito parte de si ou da sua vida.

Porquê fazê-lo? Porque enquanto continuar a lutar com aquilo que não gosta em si, estará a desperdiçar a sua atenção, a sua energia e os seus recursos. A desperdiçar porque aquilo não vai deixar de lá estar. Mesmo que empurre aquilo para fora do seu campo de visão, você *sabe* que aquilo está lá.

E mesmo que não o olhe de frente, vai continuar a dar-lhe atenção a cada vez que o encontre no seu caminho. E ao colocar a sua atenção naquilo que não gosta, aquilo vai crescendo, se alimentando e ocupando cada vez mais espaço em si.

No momento em que aceita que aquilo esteja lá, em que aceita que está lá por algum motivo, como a satisfação de alguma necessidade do passado, aquilo passa a fazer parte da paisagem e pode até nem notar que lá esteja.

Agora, aceitar não é resignar-se!

Imagine que tem um interruptor em casa de que não gosta. O que faz? Muda-o, certo? Mas enquanto não o muda, o que faz?

Lutar com ele será, por exemplo, sempre que passar pelo interruptor se queixar de como é feio e não gosta dele. Estará a dar-lhe um grande destaque.

Não precisa de fazer dele o tema central de conversas, mesmo que interiores,

Aceitar o facto será não se importar que ele faça parte do ambiente até encontrar um para o substituir, já que esse será provavelmente o objetivo.

As obras cá em casa demoraram mais tempo do que gostaria e obras trazem incômodos. Não me refiro apenas ao pó porque devido a estas obras fiquei sem telefone, sem televisão - não que isso me incomode - e sem internet por mais de uma semana.

É muito chato, sim! Porque até para partilhar este desafio precisei de internet, assim como para muitas outras coisas. Mas de que adiantava lutar contra isso? Lamentar-me, resmungar? Não mudaria nada. Só faria com que este detalhe tomasse proporções muito maiores na paisagem.

Como alternativa, aceitei a limitação como parte do processo. Restou fazer o que estava ao meu alcance para garantir que as obras não demorassem mais do que o possível no momento.

Na sua reforma interior, o que precisa de aceitar? Com o que luta interiormente?

Podem ser características que preferia não reconhecer em si, podem ser comportamentos, formas de reagir a determinadas circunstâncias... Quais são essas coisas?

Note que elas estão lá sem as julgar. Observando-as apenas pelo que são, aceitando que as observa ali, pelo que são. Nada mais.

Aquilo que nos faz lutar com o que não gostamos é muitas vezes o desconforto que sentimos ao olhar aquilo.

Ninguém gosta de sentir desconforto. Aprendemos a evitá-lo de todas as formas. E, no fundo, aquilo que conseguimos é que ele seja mais intenso. Pois mesmo que nos pareça estarmos a evitar o desconforto ao olhar para o lado, da próxima vez que o olhamos, ele pode ser maior. Vai criando raízes.

Ao lutar com ele, também acrescenta desconforto.

Assim sendo, a sugestão que lhe deixo nesta etapa, para já, na realidade não é uma e sim duas.

Primeiro:

Faça esta observação com ausência de julgamento. Pode ser difícil no começo, mas é um treino que lhe pode vir a ser muito útil.

Segundo:

Numa altura e sociedade em que queremos tudo agora, ao mínimo desconforto também procuramos eliminá-lo. Nem sempre resulta muito bem. Por isso, proponho-lhe um exercício para a aceitação desse desconforto.

Siga o link indicado na caixa de texto.

1. Responsabilidade

Entretanto, iniciámos uma nova etapa neste desafio. No entanto, os exercícios da etapa anterior ainda podem estar a exercer influência em si.

E porque há a possibilidade de terem vindo destroços à superfície, lembro que tudo o que vê neste momento em si tem um motivo para ali estar. Tudo aquilo tem ou teve uma função na sua vida.

Mesmo sabendo isto, muitas vezes surge um sentimento de culpa, pois é algo que está muitas vezes presente quando olhamos para o passado.

A culpa é útil, todas as emoções o são, mas ela traz peso, traz sofrimento. Ela é útil na medida em que nos dá uma energia, uma espécie de motivação, para procurarmos remendar, solucionar, pedirmos desculpas a alguém.

Esta é a utilidade da culpa. Mas naquele momento. Porque depois de um certo tempo, tal como com qualquer outra emoção, passa o seu prazo de validade, por assim dizer, e ela começa a contaminar o seu estado de espírito, o seu SER.

A culpa traz sofrimento, mas não serve para mais nada senão nos responsabilizarmos pelas escolhas que fazemos, pelas emoções, os pensamentos e os comportamentos que escolhemos.

Esta responsabilização é importante porque muitas vezes não a aceitamos, não a assumimos, achamos que não é uma escolha nossa. "Aquela situação, aquela pessoa fez-me sentir de determinada forma..."

Precisamos de assumir a nossa parte da responsabilidade em tais situações. No entanto, não precisam de ser atribuídas culpas a quem quer que seja. Podemos assumir a responsabilidade e perceber que podia ter resultado melhor e, então, temos a oportunidade de aprender e fazer melhor no momento seguinte.

Porque sentimos a culpa com todo um peso, muito cultural, que ela nem precisa de ter, não conseguimos usar essa energia que ela nos traz para agir de forma adequada. Ficamos focados no desconforto, no erro, na falha, em como devia ter sido diferente. E bloqueamos ali. Transportamo-la connosco.

No entanto, como referi antes, se a mantemos por mais tempo do que o seu prazo de validade, ela começa a pesar mais e torna-se uma âncora que nos mantém presos àquela situação e nos impede de seguir em frente.

Podemos pensar então em responsabilidade em vez de culpa. Se eu assumo que a responsabilidade é minha, eu sei que possor fazer de uma forma diferente na vez seguinte. Vou procurar fazer melhor. E permite-me seguir em frente.

Para que assim seja prexcisamos de perceber como é que chegamos até aquele momento em que agimos daquela forma. Há um enquadramento para aquela escolha, naquele momento.

Podemos até compreender como fizemos o melhor que conseguimos, o melhor que sabíamos naquele momento.

Da mesma forma, não será produtivo culpar o outro. Podemos atribuir-lhe a responsabilidade por determinada circunstância e estaremos a dar-lhe espaço para retirar dali uma aprendizagem, que está no direito dele fazer ou não. Estaremos a dar-lhe espaço para seguir em frente e poder fazer melhor no momento seguinte. Embora a âncora estivesse essencialmente a prender-nos a nós mesmos.

Assumir a responsabilidade em vez de aceitar a culpa e se deixar prender por ela a determinada memória, circunstância ou comportamento, é uma escolha sua.

2. Vulnerabilidades

Espero que a sua semana esteja a ser tranquila e o processo também, na medida do possível.

Neste processo propus-lhe também que olhasse as suas vulnerabilidades. Neste momento proponho-lhe uma reflexão sobre como elas podem, na realidade, ser forças.

Siga o link sugerido na caixa ao lado para ver o que Brené Brown tem a dizer sobre o poder da vulnerabilidade.

Sugestão:
O poder da vulnerabilidade

https://goo.gl/45Awg8

3. Conceitos

Na etapa anterior propus-lhe que olhasse a vulnerabilidade como uma força, até porque mesmo que exista uma certa universalidade em muitos conceitos, estes não deixam de ser adaptados por cada um de acordo com as suas experiências e aprendizagens.

Sugestão:
Como se define?

https://goo.gl/8Cj1Gd

Assim sendo, talvez seja útil (re)definir os seus conceitos, ajustando-os de acordo com as necessidades do momento.

O recurso que lhe proponho nesta etapa é uma reflexão partilhada por **Lizzie Velasquez**, arrisco dizer - um exemplo para todos nós. O áudio está em inglês, mas tem legendas em espanhol, por exemplo. Escolha uma língua que possa ser-lhe mais fácil, se for o caso.

4. Um novo fator na equação

Estamos prestes a terminar esta etapa do desafio. Espero que esteja a gostar dos recursos partilhados e a retirar destes o que de melhor têm para lhe oferecer.

Nesta etapa trago-lhe uma nova perspetiva de aceitação para reflexão e, mais importante, experiência na prática. É uma proposta quase como de abraçar o que quer que esteja presente em si. Será uma forma de introduzir o amor na equação.

Proponho-lhe que ouça a participação de Matt Kahn no evento Love Revolution, em Janeiro de 2016, e se disponha a experimentar esta perspetiva que nos leva a uma transição para a etapa seguinte, de libertação.

Espero que a língua não seja uma barreira, pois a partilha encontra-se em inglês.

Ouça o áudio que enconra no link indicado na caixa ao lado.

Libertação

Antes de entrarmos no tema desta etapa, deixe-me fazer aqui um parêntesis e dizer-lhe que muitas vezes julgamos que avançamos um passo e recuamos dois. Diria no entanto que, na maior parte dessas vezes, estamos na realidade a avançar dois e a recuar um. Eu explico.

Muitas vezes sentimos isso porque conseguimos aceitar algo num ou outro momento e depois no seguinte achamos que retrocedemos e já não conseguimos aceitar de novo. Mas aquilo que muitas vezes se passa é que precisamos de quebrar hábitos e automatismos.

Estamos tão habituados a fazer de determinada forma que quando queremos fazer diferente, assim que nos distraímos, lá estamos de volta ao automático. Mas vamos distrair-nos. É mesmo assim.

No entanto, assim que percebemos que estamos de volta ao caminho que não queremos mais percorrer, podemos voltar a corrigir o rumo, aceitando que estes desvios fazem parte do caminho até lá. E é o que precisa de ser feito. Ao ir fazendo essas correções vai estar sempre a avançar um pouco mais. E ao recuar, vai cada vez menos atrás.

Lembre-se então que avança como numa espiral que vai e volta e vai e volta e assim vai avançando. E aceite que esses retrocessos fazem também parte do caminho.

Agora, fechando o parêntesis e avançando. Está pronto para entrar numa nova etapa?

Esta será dedicada à libertação. Porque para trazermos o novo precisamos geralmente de libertar aquilo que já não nos serve. Porque em espaço cheio não cabe muito mais.

Tal como na nossa casa por vezes precisamos de destralhar, esta etapa consiste na libertação daquilo que já não lhe é útil ou benéfico, daquilo que só serve para ocupar espaço: a tralha ao nível das emoções e dos pensamentos, as crenças limitadoras, as histórias e os comportamentos que já não lhe servem.

Na verdade não sei se esta etapa será distinta da anterior ou se será uma consequência natural do processo de aceitação. Porque quando aceitamos que algo está lá sem julgar aquilo, *aquilo* deixa de ser um problema. Quando mudamos o foco, o foco torna-se a nossa realidade e o problema, que já não é o foco, deixa de o ser.

E quando aceitamos sem nos resignar, aceitamos também a nossa responsabilidade, assumimos o nosso poder e fazemos escolhas mais conscientes.

Por falar então em escolhas, aceitação e libertação, gostaria de partilhar consigo um poema de <u>Shiloh Sophia</u>, criado para o Dia Internacional do Amor Próprio, já em 2013. Um texto que me faz todo o sentido trazer a este desafio e que traduzo livremente.

Ser glorioso

Hoje, eu escolho a mim própria.
Eu escolho ser a Rainha dos meus domínios.

Nomear a mim mesma como aquela que governa a minha vida.

Não irei esperar pela aprovação dos outros.
Irei agir em defesa de mim mesma e de acordo com o meu conhecimento interior.
Eu escolho ouvir este grande coração em mim.
Honrar aquilo que ele anseia, precisa e quer.
Não permitirei mais que partes sagradas de mim se sintam isoladas, fragmentadas ou sem valor.

Eu escolho ocupar espaço neste universo.
Habitar esta cápsula de mim, que é o meu templo sagrado.
Não irei mais manter os meus dons escondidos,
Nem permitirei que o medo me mantenha afastada da minha grandeza.

Eu escolho ser tão maravilhosa quanto de facto sou.
E Simplesmente explorar quem serei eu, após todos esses anos.
Não me julgarei pelos lugares onde ainda não cheguei ou pelas formas como não fui verdadeira comigo mesma.
Eu escolho perdoar a mim mesma e libertar as velhas histórias para criar espaço para que novas histórias, e até lendas, surjam.

Eu não irei abandonar os meus sonhos e visões ou permitir que as ideias dos outros povoem as minhas.
Irei pensar os meus próprios pensamentos.

Eu escolho apaixonar-me por quem eu sou, como eu sou, neste momento.
Abraçar o maravilhoso e o bagunçado em mim.
Não diminuirei a minha luz um dia mais que seja. Ouve-me agora.

Eu liberto as sombras. Mãos abertas. Coração aberto. Whoosh.
Eu escolho ver-me e ser vista por ti também.
Encontrar-te e dançar contigo e deixar que saibas que te vejo.
Eu escolho ver-me como um ser com valor, completo, sagrado e selvagem.
E ah! Muito mais do que suficiente. Eu escolho ser exorbitante!

Ser glorioso não é algo que vem por defeito. É uma escolha. Ouve-me agora.

Estás pronto para isto? Eu sou. Hoje, eu escolho a mim mesma.

Eu escolho ser gloriosa!

Escolhi esta partilha porque a considero verdadeiramente inspiradora. Porque espero que lhe traga também a si inspiração para se escolher a si neste momento. Para escolher deixar ir, libertar aquilo que já não faz sentido, que já não tem a ver com quem você realmente é.

Considerando tralha como tudo aquilo que apenas ocupa espaço e não lhe é mais útil nem benéfico, aquilo que é apenas um empecilho, um condicionamento ou fonte de prejuízo, aproveite este momento - esta etapa - para se decidir a destralhar o seu espaço interior, o seu SER e proponho que o faça.

Como fazê-lo? Primeiro veja as suas anotações sobre tudo aquilo que observou até aqui neste processo e identifique a tralha.

Depois decida-se a fazer o destralhe. E fazê-lo pode ser tão simples quanto mudar o foco. Algo simples mas que necessita de treino.

Para isso, proponho que ouça uma reflexão sobre a mudança de foco. Ouça, observe, escolha e destralhe, mudando de foco.

1. Identidade

Na última partilha propus-lhe que libertasse aquilo que já não lhe é útil ou benéfico. No entanto é importante lembrar que *aquilo* tem um motivo para lá estar e, em algum momento, lhe terá sido muito útil.

Mas será que ainda é ou será que agora gera prejuízo?

Para o perceber precisará de conhecer as necessidades e os objetivos do momento.

Precisará então de olhar a sua identidade.

Hoje proponho-lhe uma reflexão sobre a sua identidade.

2. Os pesos

Porque lhe tenho falado de libertação, hoje trago um exercício para o ajudar a fazê-lo.

Existem várias formas de libertar os pesos que já não nos servem. A aceitação é uma forma de o fazer, mas nem sempre é muito fácil. Esta é outra.

Proponho-lhe então que tire um momento para si, encontre um lugar confortável onde possa relaxar um pouco e faça a prática sugerida na caixa ao lado. Abaixo encontra uma versão muito resumida da mesma ideia.

Sente-se, relaxe, feche os olhos, respire fundo e imagine-se a percorrer um caminho com uma mochila pesada nas suas costas. Imagine-se a abrir a sua mochila e a tirar lá de dentro esses pesos... crenças limitadoras, imagens distorcidas de si mesmo, algo que uma situação provocou em si, a emoção presa à acção que alguém teve para consigo, veja-se a colocar esse peso dentro duma bonita caixa, faça um embrulho bonito e ofereça de volta à(s) pessoa(s) que lho deu. Faça-o com amor. Diga-lhe que já não precisa de carregar esse peso consigo e que o liberta. Veja a outra pessoa a aceitá-lo e observe a caixa a desaparecer, já fora do seu alcance.

Aquele peso desapareceu, já não o incomoda a si ou à sua relação com a outra pessoa. Bem pelo contrário. Liberta-os.

Ao longo da vida, muitas pessoas dizem coisas que nos marcam, que nos ajudam a não gostar de nós mesmos ou nos deixam hábitos que não queremos para nós. Mesmo que não se lembre quem lhe 'trouxe' determinada forma de reagir a algo, não se preocupe com o rosto da pessoa ou com o facto de poder referir-se a um ou mais indivíduos, use essa personagem simbolicamente.

Se for alguma preocupação causada por alguma situação, em vez de uma pessoa, experimente atirar esse peso para dentro de um poço à sua frente, ouça-o chegar lá no fundo e tape de novo o poço, afastando-se muito mais leve do que lá chegou. Sinta a diferença.

Faça-o com cada um desses pesos, com cada uma dessas pedras.

3. Na essência

E ao libertar o que fica? A essência. E, na essência, a tranquilidade.

Entretanto, estamos mesmo no finalzinho desta etapa e de seguido quero falar-lhe transformação.

No entanto, será importante que essa transformação não aconteça por ninguém mais além de si. Sim, você é tão importante assim!

Porque para que os outros se relacionem saudavelmente consigo, é importante que você o faça. Que opere a mudança que você quer e precisa que aconteça, por si e para si.

Partilho consigo um pequeno texto de que gosto muito e me parece ilustrar um pouco aquilo que quero comunicar-lhe neste momento.

O Farol da Paz

Um Farol de Luz está ali parado, estático, inamovível, constante, regular, a emanar luz.
Não vai ter com ninguém em concreto, na intenção de iluminá-lo. Simplesmente está ali, irradiando a luz.
Não diz nada.
Não se anuncia aos outros, dizendo que É a Luz.
Simplesmente É a Luz.

Os que passam SENTEM essa luz e abrandam a sua viagem para a sentir, pois isso traz-lhes bem-estar e aumento de consciência. E por ali ficam um pouco, transformam-se até, começam inclusive a assumir um Novo Poder. Ficam mais autónomos e independentes.
Depois, agradecem, partem e seguem em paz.

(autor desconhecido)

Faça-o por si.

Transformação

Chegámos à quarta etapa: a da transformação.

Muitas pessoas julgam que aprendemos e nos desenvolvemos enquanto pessoa até aos 25 anos e que depois estamos "formados". Mas, na verdade, este é um processo que continua a acontecer ao longo de toda a vida de uma pessoa.

Não pára, apenas toma novas formas. Porque tudo na vida está em constante movimento de transformação, nós também.

A proposta desta etapa do caminho é de transformação, não do que lá está, mas da sua postura perante o que lá está. Ou seja, não é que precise de transformar alguma característica ou comportamento em si e sim a sua forma de lidar com isso.

Já ouviu falar na expressão "não vemos porque temos olhos, mas temos olhos porque vemos; não ouvimos porque temos ouvidos, mas temos ouvidos porque ouvimos".

Da mesma forma, essas características e comportamentos têm um propósito para lá estar, um porquê. E no momento que essa necessidade deixa de existir, torna-se apenas uma questão de hábito. E esse é mais fácil de quebrar do que pensa.

Então, embora tenha mais coisas para lhe dizer e propor ao longo da semana, neste momento quero acrescentar dois pontos.

Um deles é que qualquer mudança precisa de acontecer porque nós queremos que aconteça. Para nos satisfazer a nós, não pelos outros.

A mudança que quer que aconteça na sua vida, que seja por si e por mais ninguém. Porque você merece!

Escolha-se a si!

Há algum tempo ouvi uma história sobre a relação entre o tipo de lançamento que os jogadores de basquetebol fazem no jogo - o lançamento da bola ao cesto - e o sucesso do mesmo.

Esta história contava como dois jogadores bastante conhecidos tinham marcado a diferença em jogo com um tipo de lançamento diferente.

É que normalmente o jogador de basquete, que é uma pessoa alta, arremessa a bola com os braços levantados no ar. E estes dois jogadores, nestas circunstâncias, fizeram os lançamentos a partir de baixo, tal como uma criança faria.

Arremessando a bola desta forma deram a vitória à sua equipa. No entanto, a história continuou para ambos mas com diferenças.

O primeiro não repetiu aquele tipo de lançamento e voltou, por isso, a ter a taxa de sucesso que tinha antes nos lançamentos livres. A crítica àquele estilo de lançamento falou mais alto do que a eficácia do arremesso ou os objetivos do jogador.

Com o segundo já foi diferente. Apesar das críticas, este jogador, Rick Barry - o terceiro melhor nos lançamentos livres em toda a história do NBA, continuou a usar a sua técnica e a beneficiar da elevada taxa de sucesso da mesma. É tudo uma questão de física, mas por vezes a opinião dos outros fala mais alto em nós.

Então este é o primeiro ponto que gostaria de enfatizar aqui.

Escolha-se a si!

O outro é o seguinte:

Quando se fala em transformação é comum a ideia de que precisa de ser algo em grande. Uma transformação a valer. Isto porque queremos que as coisas sejam bem diferentes do que têm sido. Isto é o mais comum.

Mas esta transformação maior que podemos ver lá mais à frente no tempo, assenta em detalhes. Coisas simples no dia-a-dia. Coisas simples que fazem toda a diferença.

Sabe quando iniciamos um relacionamento com alguém e acabamos por "mimar" o outro com coisas simples do dia-a-dia? Pode ser o café na cama, uma flor na almofada, uma conversa sem pressas, um olhar demorado olhos nos olhos... detalhes sim, coisas simples, que estão lá. Pelo menos no início da relação.

Sugestão:
O lançamento de Rick Barry

https://goo.gl/cDntpD

E o relacionamento vai-se construindo nas trocas mais pequenas de carinho. Claro que o conceito de pequeno é muito subjetivo!

E para chegar a esta etapa do caminho e fazer a transformação, propus-lhe que se olhasse, se aceitasse e se libertasse de pesos supérfluos. Agora vou propor-lhe que cuide de si e se mime, pois não cabe a mais ninguém fazê-lo. Aqueles que se relacionam consigo podem querer fazê-lo. E estão no direito de fazê-lo. Da forma como lhes parece que seria melhor para si.

Mas é responsabilidade unicamente sua. E você é com certeza a pessoa que se conhece melhor do que ninguém. Conhece-se a si e às suas necessidades. Assim sendo, proponho-lhe que cuide de si e se mime.

Sim, tão simples quanto isso.

Mas mimar-se não é apenas ir fazer uma massagem, sair com os amigos, tirar tempo para si, ler um bom livro, dançar ou comprar algo bonito para si.

Essas coisas também são importantes para cuidar de si. Mas mimar-se é muito mais do que isso!

Como será iniciar um novo relacionamento com a sua pessoa?

Ouvir-se com atenção,

dirigir-se palavras gentis, carinhosas,

ficando atento às suas necessidades,

incentivando-se a aceitar o desafio porque acredita que é capaz,

Mimar-se, também, como nos exemplos que dei há pouco...

Como será desfrutar desse relacionamento consigo mesmo?

Como se de um outro se tratasse?

Confiando em si,

Dependendo de si,

E fazendo por si?

Mas numa relação aberta,

Sem se importar de dividir esse amor transbordante com outros.

Como será?

Proponho-lhe que o faça, agora, já. Inicie este relacionamento. Saudável, intenso, prazeroso, consigo.

Este é apenas o início do processo.

Claro que o próprio destino se vai alterando muitas vezes ao longo da viagem. E pode até chegar ao final da reforma e ver um ou outro detalhe que quer mudar ou perceber uma nova necessidade. Mas garanto-lhe que, fazendo-o, verá a transformação acontecer na sua vida.

1. Narrativa de vida

Como está o seu novo relacionamento consigo?

Sugestões:
Meu caso de amor é comigo mesmo

https://goo.gl/5zDBbJ

Reescreva a narrativa

https://goo.gl/FtwTy7

Curiosamente, encontrei por estes dias um texto que tem tudo a ver com a última proposta. André J. Gomes escreveu um texto com o título "Meu caso de amor é comigo mesmo. Mas de quando em vez eu pulo a cerca.", cuja leitura gostaria de sugerir-lhe.

E então, proponho-lhe que faça uma experiência.

Sugiro que experimente a seguinte prática, não só para algum acontecimento do passado, mas também para o seu novo relacionamento:

Reescreva a narrativa de vida.

Escreva uma nova história, com novas palavras, sobre o seu caso de amor consigo mesmo.

Escolha-se a si.

2. Da ideia à prática

O que lhe parece a ideia de se relacionar melhor consigo? Ou a ideia de se valorizar mais enquanto pessoa? Parece-lhe bem?

Elas podem ser ideias muito boas, mas sem lhes associar uma acção não passarão de sonhos.

Isto é algo a que procuro dar atenção na minha vida, assim como ao ajudar clientes a passarem **da ideia à prática.** E deixe-me dizer-lhe que tem resultado muito bem.

Quer que se torne na sua realidade?

Se quer passar da ideia à prática precisará de escolher agir. De que forma? Essa também é uma escolha sua.

Experimente esta estratégia: sempre que surgir uma ideia ou pensamento que gostaria que se tornasse realidade, pergunte a si mesmo "o que posso fazer agora ou até amanhã de manhã para ajudar a torná-la realidade?"

E escolha agir de acordo com aquilo que prefere e lhe faz todo o sentido.

3. As 3 "ências"

Na etapa anterior enfatizei a importância da acção para tirar aquilo que quer do mundo das ideias e torná-lo realidade. No entanto, uma acção isolada não é o suficiente para fazer a mudança.

Sabe quais são as 3 "ências" necessárias para que a mudança aconteça?

A insistência, a persistência e a consistência.

Alguns autores sugerem que possamos entender a nossa mente interior como se fosse uma criança de cinco anos. Que ela insiste e questiona tal qual uma criança nesta idade o faria.

O nosso papel será entã o de, conscientemente, cuidar desta criança e da sua educação com carinho.

Se uma criança insiste em algo, uma ideia, que nos parece disparatada e se queremos educá-la no sentido que nos parece mais adequado, é preciso explicar porque é que as coisas são de uma forma diferente. Mas ela pode continuar a teimar claro, pode até fazer birra, e tudo bem. É a forma dela se expressar. Ainda não aprendeu outra forma de o fazer ou de controle.

Então, com carinho, aceitando que é a sua forma de expressão, precisamos de continuar a insistir na mensagem que queremos que entenda, com consistência também. Não é dizer uma coisa num momento e outra num momento diferente. Não é dizer de uma forma e fazer de outra. Precisa de haver com consistência e coerência.

A consistência necessária entre as nossas palavras, os nossos pensamentos e comportamentos no dia a dia. De outra forma, a mensagem chega deturpada e pode não ser entendida. "Ás vezes é, outras vezes não... então vou adequar de acordo com as minhas preferências".

É preciso que a mensagem seja consistente, insistir nela e persistir ao longo do tempo. Não basta experimentar durante uma semana e esperar que o assunto fique arrumado. Então a aprendizagem não acontece.

Porque prefere investir em determinado tipo de pensamentos ou comportamentos? Porque pretende educar essa criança interio? Para quê?

Provavelmente é algo que lhe faz todoo sentido ou que quer muito. Por ventura deixou de o querer após uma semana? Deixou de lhe fazer sentido? Então persista ao longo do caminho. Nem que seja porque é como lhe faz sentido que seja. E quando menos esperar, já se fez a mudança.

Persista. Por si.

4. Disciplina

Afinal já conhecia as 3 ências. Costuma usá-las em conjunto? É que a associação entre as 3 é o segredo da eficácia.

No entanto, aquilo que ouço muitas vezes é algo como: "Eu sei que é importante para mim, mas falta-me a disciplina para fazer..."

Se este pensamento lhe é familiar, continue a ler com atenção.

Se estiver doente e for ao médico e ele lhe receitar medicação para fazer um tratamento, precisa de a tomar durante aquele tempo, naquele horário, naquelas doses e daquela forma. Se não o fizer, o tratamento não vai resultar.

Se for a um terapeuta e este lhe recomendar algum exercício específico, precisará de a fazer durante o tempo necessário, as vezes necessárias e de determinada forma ou não resultará como pretendido.

Qualquer terapêutica precisará da sua colaboração. Qualquer tratamento precisa dos seus esforços e das suas escolhas conscientes, para que resulte como pretende.

Para tudo isto é necessária alguma disciplina. Disciplina para tomar aquele remédio, durante aquele tempo, todos os dias, àquelas horas. A disciplina necessária para fazer aquele exercício todos os dias. A disciplina necessária para fazer acontecer a mudança que quer ver em si, na sua saúde e na sua vida.

Com a sua mente, o cenário é o mesmo. Precisa da disciplina necessária para fazer acontecer a mudança.

A disciplina já faz parte da sua vida

Quando está constipado e não faz nada por isso, ainda assim o seu corpo melhora. Julga que não há disciplina aí? Pense de novo.

O seu organismo é disciplinado. Tão disciplinado que ele acaba por lembrá-lo de fazer a mesma coisa todos os dias no mesmo horário, tal como acordar, comer ou ir à privada. Ele é disciplinado e aqueles mecanismos que são accionados no corpo para reequilibrar a saúde vão estar lá, disciplinadamente em accão, todos os dias. Disciplina, com alguma flexibilidade.

Todos os dias, a todo o momento, o seu organismo está empenhado em ajudá-lo a realizar, a melhorar, a fazer acontecer aquela mudança necessária. Isto é básico e instintivo.

Há outras situações em que é necessária a sua atenção e o esforço consciente para fazer a mudança, quando determinada aprendizagem não for feita ou enquanto determinada crença ainda reinar.

A disciplina é essencial para fazer a mudança de estado, mas disciplina é treino. Precisa então de treino.

No fundo, nas mais diversas áreas da vida, precisamos de ir aos treinos.

Se não está a conseguir a disciplina necessária à mudança:

1. Veja se está a dar passos básicos e um de cada vez. Não queira fazer tudo de uma vez e avance passo a passo. Vai ser-lhe muito mais fácil desta forma.

2. Equilibre com algo que gosta de fazer, talvez até associando uma coisa à outra. Imagine que tem um cão e o seu objetivo é fazer mais exercício e caminhar todos os dias. Se gosta de levar o seu cão à rua, experimente aumentar o tempo de passeio com ele e ajuste o horário às necessidades. Associar aquilo que precisa de fazer para a mudança acontecer, a algo que lhe dê prazer, só vai facilitar o processo.

Motivo para a acção

Mas existe um outro fator essencial à mudança: a motivação.

Não fique à espera que a motivação chegue para ir caminhar, pois provavelmente não o faz quando o seu amigo de quatro patas precisa de ir à rua. É uma necessidade, um objetivo, e simplesmente vai.

Se estiver à espera que a motivação venha, provavelmente, continuará sentado por muito tempo e a mudança não terá lugar. Primeiro é preciso agir, depois sentirá a motivação para continuar, ao sentir-se a caminhar no sentido que pretende.

Motivação é ter um motivo para a acção.

Não é a motivação que vai trazer a acção, esta parte de si. Terá, no entanto, um motivo para agir.

Assim sendo, encontre o seu motivo para agir e faça aquilo que quer que aconteça na sua vida. Faça aquilo que precisa de fazer. Dê aqueles passos que são essenciais à mudança na sua vida.

E treine.

O final ?

O mês chegou ao fim e o desafio de autoestima também.

Nesta aventura de 4 etapas em 4 semanas propus-lhe que se observasse, se aceitasse, se libertasse e que, finalmente, se transformasse. Mas este processo de transformação não termina aqui. Como bem sabe, a transformação é contínua e pode ser de acordo com a sua escolha consciente.

Para a transformação partilhei algumas reflexões ao longo da semana...

- sobre a importância da acção para passar do sonho à realidade,
- Sobre a conjugação entre insistência, persistência e consistência como ingrediente essencial à eficácia de qualquer empreitada,
- Assim como uma nova forma de entender a disciplina.

Hoje, trago uma última proposta para este desafio. De facto o objetivo é que ela o possa manter focado no caminho a percorrer.

Mas antes disso, gostaria de dizer-lhe que quando estabelecemos metas, é importante mantê-las no horizonte para podermos ir orientando os nossos passos. É para isso que serve o horizonte, para nos guiar em determinada direção.

E existem aquelas metas/objetivos que alcançamos sem grandes diferenças do que tínhamos antecipado.

E depois de chegarmos ao destino, provavelmente não passa muito tempo até que possamos encontrar uma nova meta. Essencialmente porque ainda não tomámos consciência que, mais do que o destino, ansiamos pela viagem em si.

Mas voltando às metas.

Existem algumas que são tão importante para nós, tão grandes, que são bem diferentes das anteriores. As primeiras que referi são coisa, lugares, experiências. Estas referem-se a valores, princípios, aquilo de que não abrimos mão na vida porque é o que nos faz sentido viver. Pode ser a felicidade, a saúde integral, um projeto de vida. Neste caso, pode ser algo a que nunca chega na totalidade porque aquilo, mais do que estar no seu horizonte, aquilo é o horizonte.

E tal como o horizonte na realidade, por mais que possamos caminhar na sua direção, nunca iremos encontrar uma linha desenhada no chão com o rótulo: horizonte.

Isso não vai acontecer. Mais aquela idealização, ou realidade perfeita, como preferir, vai ser aquilo que guia os seus passos, as suas escolhas.

Assim sendo, continuará a caminho sentido que está no seu caminho. Não que ainda não chegou, que anda não tem, oh se tivesse...!

Está no caminho!

Faz-lhe sentido?

1. Proposta

Que horizonte lhe faz sentido ter no que diz respeito à sua autoestima, à sua valorização pessoal, à pessoa que quer SER, como se quer experienciar?

Qual é a imagem do SER que quer usar como guia para o seu caminho? Torne-a o seu horizonte.

Quero então propor-lhe um exercício.

Porque quando tomamos as rédeas de uma situação nos sentimos mais no controlo. E só por esse facto, nos sentimos mais confiantes e nos "olhamos" com mais agrado.

Este é o exercício da roda da vida, que não só ajudará neste sentido, mas também tem o potencial de o ajudar a melhorar outras áreas da sua vida. Pode encontrar a ficha deste exercício na próxima página.

2. Roda da Vida

Este exercício tem por objetivo identificar mais claramente qual a área da vida que necessita de mais atenção para influenciar positivamente outras áreas.

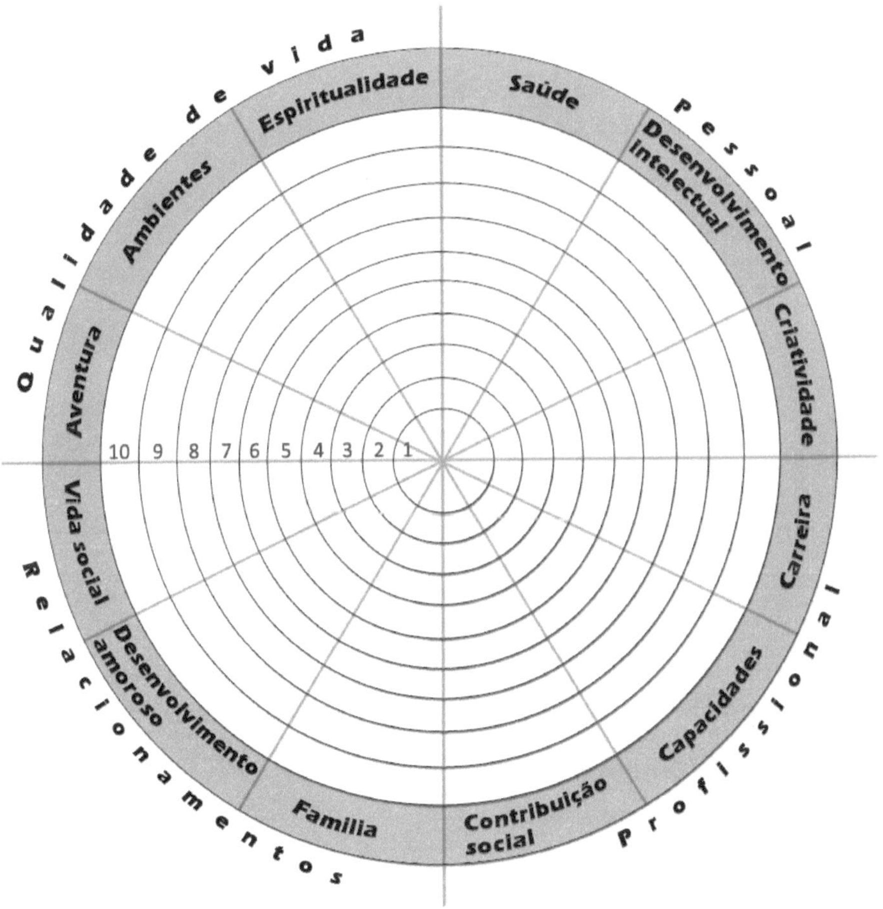

Preencha cada área do gráfico conforme o seu nível de satisfação no momento (0 = nada satisfeito, 10 = plenamente satisfeito), sendo que o 0 se encontra no centro e o 10 no limite exterior do círculo.

Agora permita-se refletir sobre as seguintes questões:

1. Qual a área da vida que, na qual investindo um pouco mais de atenção e energia, terá um impacto positivo no maior número de áreas da minha vida?

____

2. Qual a ação que aumentará a minha satisfação nesta área e permitirá alcançar esta primeira meta?

____

____

____

Notas:

1. Aquilo que quero fazer para maior satisfação e equilíbrio na minha vida

____

____

____

____

2. Aquilo que vou parar de fazer, delegar ou priorizar de outra forma

____

____

____

____

3. Sugestões finais

Espero que tenha gostado do desafio e do último exercício que lhe propus.

Lembre-se de manter um bom relacionamento consigo e de cuidar de si, pois é o mais importante.

Escolha melhor as coisas que diz a si mesmo, assim como os pensamentos em que prefere investir o seu tempo e recursos.

Pode até decidir usar o método da Jessica, quando tinha apenas 4 anos, fazendo afirmações ao espelho ou seguir a ideia de Marisa Peer e escrever nos espelhos da sua casa que você é o suficiente (veja na caixa ao lado).

Tenho consciência que pode não ter o inglês na sua zona de conforto, mas à falta de alternativa os links desta etapa são em inglês. Ainda assim, se for o seu caso, veja o video da Jessica, pois não precisa de perceber exatamente aquilo que ela diz para perceber como ela se motiva de uma forma fantástica.

Sugestões:
Afirmações Diárias da Jessica

https://goo.gl/KOwgHq

O Suficiente por Marisa Peer

https://goo.gl/bftbVW

No entanto, acrescento que a Jessica afirma ao espelho que gosta da mãe, do pai, dos pais, das irmãs, da escola, da casa, do seu cabelo... e que pode fazer bem qualquer coisa. É ou não maravilhoso?

Quanto à Marisa, ela é psicoterapeuta e conta uma série de situações em que pelo simples facto das pessoas apenas lerem a frase "I am enough" (eu sou o suficiente ou eu basto) espalhada pelos espelhos da casa e nos lembretes do telefone, as suas vidas mudam de forma surpreendente.

Experimente. Não custa nada, nem dói. Se trouxer benefício, já é um ganho.

Claro que este é um comentário muito redutor daquilo que é comunicado no video, mas já dá uma ideia do conteúdo.

Para finalizar, gostaria de saber como foi este processo para si. Desta forma, ajudar-me-á não só a melhorar edições seguintes, mas também a melhorar a qualidade de outras propostas que possa trazer-lhe, deste género.

<u>Sugestão:</u>
Dê o seu feedback

https://goo.gl/2yevaA

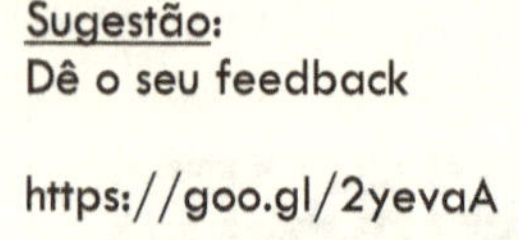

Diga-me como foi para si:

http://sofiamorgado.net/feedback-auto-estima/

Grata!
Gostei de fazer esta viagem consigo!
Até breve e tenha uma vida feliz!

Sofia Morgado